# Inhalt

### Hidden Champions - Great place to work!

Kernthesen

Beitrag

Fallbeispiele

Weiterführende Literatur

Impressum

# Hidden Champions - Great place to work!

*Anja Schneider*

## Kernthesen

- Hidden Champions, in der Regel mittelständische Unternehmen, teils familiengeführt, sind in der Öffentlichkeit weitgehend unbekannt, aber höchst erfolgreich, oft sogar europäische oder weltweite Marktführer.
- Auf dem Arbeitsmarkt konkurrieren sie mit namhaften Konzernen um gut ausgebildete Fachkräfte, Wirtschaftswissenschaftler, IT-Spezialisten und Ingenieure und geraten dabei oft ins Hintertreffen.
- Dabei bieten viele hervorragende fachliche und persönliche Entwicklungsmöglichkeiten für ihre Arbeitnehmerschaft.
- Die Personalverantwortlichen müssen im

heutigen knappen Bewerbermarkt für mehr Sichtbarkeit sorgen, ihre spezifischen Werte und Triumphkarten professionell präsentieren, um die Konzerne auszustechen.

# Beitrag

# Was sind Hidden Champions?

Als Hidden Champions werden Unternehmen bezeichnet, die in den Medien wenig präsent und demzufolge der breiten Öffentlichkeit kaum bekannt sind, in ihrer Branche oder Nische aber zu den führenden Anbietern in Europa oder oft sogar in der Welt zählen. Ihren Umsatz erwirtschaften sie zum größten Teil im Export; sie leisten daher für die Exportstärke Deutschlands einen ganz erheblichen Beitrag. Mit ausgezeichneter Forschung und Entwicklung haben sie oft höchst innovative Produkte entwickelt und finden dafür ihre Anerkennung und Absatzmärkte im Ausland.

Rund 1 300 Hidden Champions gibt es in Deutschland, rund 1 000 von ihnen sind Familienunternehmen. Viele sind kleine und mittelständische Unternehmen (KMU). Gemeint sind damit in der Regel Arbeitgeber mit weniger als 500 Mitarbeitern.

## Geringer Bekanntheitsgrad bringt Probleme im Recruiting mit sich

Der geringe Bekanntheitsgrad bringt ein Problem mit sich, das angesichts des herrschenden Fachkräftemangels für die Hidden Champions und vor allem für Deutschlands Mittelstandsunternehmen generell nicht unkritisch ist. KMU mit bis zu 250 Mitarbeitern bieten mehr als drei Viertel aller offenen Stellen, so das Institut für Arbeitsmarkt und Berufsforschung. Doch laut einer aktuellen Umfrage im Mittelstand können fast zwei Drittel der befragten Unternehmen nicht alle freien Stellen in der gewünschten Qualität besetzen. Auch andere Untersuchungen belegen dieses Problem beim Recruiting. (1), (2), (3)

Viele Absolventen der Wirtschaftswissenschaften und Ingenieursstudiengänge streben nach ihrem Abschluss einen Arbeitsplatz bei einem namhaften, internationalen Konzern an. Die Hidden Champions stehen bei wenigen auf dem Radar: Laut der aktuellen Absolventenstudie der Wirtschaftsprüfungsgesellschaft Ernst & Young möchten fast zwei Drittel der 483 befragten jungen

Frauen und Männer am liebsten bei einem Großunternehmen ins Berufsleben starten. Nur ein Drittel kann sich vorstellen, bei einem Mittelständler oder einer inhabergeführten Firma zu beginnen. Das Berliner Personalforschungsinstitut Trendence hat mehr als 28 500 angehende Absolventen der Wirtschaftswissenschaften und Ingenieursstudiengänge nach ihrem Traumarbeitgeber gefragt. Dabei belegten die vordersten Plätze Konzerne wie Audi, BMW, Volkswagen und Porsche. Hidden Champions tauchten unter den Top 100 dagegen überhaupt nicht auf. (4)

# Wanted!

Hochschulabsolventen der MINT-Berufe (Mathematik, Informatik, Naturwissenschaften und Technik), sehr gut ausgebildete technische Fachkräfte oder Spezialisten der Elektrotechnik - sie werden von Hidden Champions gesucht. Prompt konkurrieren sie im "War for Talents" mit den Konzernen um dieses rar werdende Gut. Sprachkenntnisse und Auslandserfahrung sind gefragt, denn gerade mittelständische Unternehmen sind oft stark im Exportgeschäft tätig. Die Bewerber sollen selbstbewusst und motiviert sein, sich etwas trauen, eigenständig planen, organisieren, sich kümmern, selbstständig arbeiten und sich nicht scheuen, früh Verantwortung für Projekte, Personal und Budgets zu übernehmen. Neue Mitarbeiter werden oft ins kalte Wasser geworfen, direkt in ihre Aufgaben eingebunden, jeder einzelne zählt, Learning by Doing und selbständiges Lernen sind gefragt. (2), (3)

## Was bieten Hidden Champions als Arbeitgeber?

Sie gelten als klein, aber fein, sind die Top-Adressen in dem, was sie tun. Dementsprechend bieten sie sehr gute fachliche Entwicklungsmöglichkeiten. Ihre internationale Ausrichtung bietet denjenigen, die ins Ausland wollen, Gelegenheit für frühe Auslandseinsätze. Die persönlichen Entwicklungsmöglichkeiten sind sehr gut, die Unternehmen geben Freiraum für Ideen und Weiterbildung, Mitdenken und Mitreden sind ihnen wichtig. Individuelle Arbeitszeitmodelle haben viele eingeführt, um ihren Mitarbeiterinnen und Mitarbeitern in den verschiedenen Lebensphasen Passendes anbieten zu können. Die Arbeitsatmosphäre profitiert davon, dass Kollegen und Führungskräfte leicht ansprechbar sind, der Chef ist präsent. Die geringere Mitarbeiterzahl ermöglicht, dass man einander kennt, persönliche Gespräche leichter zu führen sind. Hierarchien und Bürokratien wie in Konzernen sind in mittelständischen Unternehmen weniger vorhanden. Bei Hidden Champions wird oft schnell und auf kurzen Wegen entschieden. Gerade bei Familienunternehmen stehen Werte, Verantwortung für Mitarbeiter und nachhaltiges Wirtschaften oft nicht nur auf dem Papier. (2), (4), (5)

## Welche Handicaps haben die Hidden Champions?

All dies ist freilich nicht jedermanns Sache. Wer einen international klangvollen Arbeitgebernamen, klare Strukturen, feste Zuständigkeiten und eindeutige Kompetenzverteilung bevorzugt, ist in Konzernen besser aufgehoben. Die Hidden Champions sitzen zudem oft auf dem Land, für viele Absolventen ein No-Go, sie wollen in der Großstadt arbeiten und leben. Die Einstiegsgehälter im Mittelstand sind in der Regel etwas niedriger als in Konzernen.

## Was sollten sie bei ihrer Personalarbeit bedenken?

Hidden Champions müssen sich anstrengen, um die gewünschten Bewerber zu ködern und Personal zu gewinnen. Wichtiger wird die aktive Kandidatensuche jenseits der Stellenanzeige, also das so genannte Active Sourcing. Sie müssen für Bekanntheit sorgen, Wettbewerbe gewinnen, sich auf Karrieretagen in Szene setzen, als attraktive Arbeitgeber wahrgenommen werden, eine Arbeitgebermarke aufbauen. Dazu sollten sie sich zunächst intern der eigenen Unternehmenswerte bewusst werden, ihre Identität beschreiben, überlegen, wen sie brauchen, welche Kräfte, in welchen Abteilungen, nicht nur bei Kündigung oder sonstigem aktuellen Bedarf, sondern langfristig. Welche Bewerber sollen angesprochen werden? Welche Medien nutzt diese Zielgruppe? Welche Kommunikationskanäle müssen demzufolge gewählt werden? Gibt es etwas aufzuholen im modernen Online-, Mobile- und Social-Media-Bereich? Reicht es, nur regional aufzutreten und zu suchen, oder ist überregionales Employer Branding nötig? Beim Gehalt dürfen sie nicht allzu weit ins Hintertreffen geraten, beispielsweise bei den so dringend gesuchten Ingenieuren. Entspricht das gebotene Arbeitszeitmodell den Bedürfnissen der jungen Generation? Worauf legt eine Bewerberin, ein Bewerber, den man gewinnen möchte, ganz besonderen Wert? Professionell sein ist wichtig, nicht nur technologisch mit Produkten und Leistungen auf dem Markt, sondern auch schon im Recruiting. Die Kandidatinnen und Kandidaten wollen eine gelungene persönliche Ansprache und schnelle Antworten. Unterstützen die bisherigen Prozesse dies, oder sollte eine leistungsfähige IT-Unterstützung im Recruiting aufgebaut und genutzt werden? Sollte man sich lösen vom bewährten Office hin zu E-Recruiting-Systemen, die auch als Software-as-a-Service angeboten werden? Reicht das bisher vorgesehene Personalbudget, oder muss mehr Geld für die Personalrekrutierung und -entwicklung ausgegeben werden? Sollte man externen Sachverstand hinzuziehen? (2), (3), (4), (6)

## Auf Unterstützung zurückgreifen

Unterstützungsangebote gibt es. Beispielsweise können mittelständische Unternehmen ihren jungen Auszubildenden mit dem offenen Trainee-Programm "Step into Business", das von der Akademie für Führungskräfte der Wirtschaft in Überlingen angeboten wird, den Einstieg ins Berufsleben erleichtern. Mit dem online gestellten Inqa-Check "Personalführung" können kleinere Betriebe systematisch die Qualität ihrer Personalarbeit überprüfen; der deutsche Franchisenehmer des amerikanischen Dienstleisters "The Alternative Board" (TAB) organisiert monatlich für die Unternehmer einen "Erfahrungsaustausch auf Augenhöhe". Eine Initiative des Europäischen

Sozialfonds und des Bundes unterstützt KMU mit dem Beratungsprogramm "Unternehmenswert Mensch" bei der Entwicklung ihrer Personalstrategie. Besonders stark gefordert sind die Personalmanager von kleinen und mittelständischen Unternehmen, wenn ein Unternehmenszusammenschluss zu bewältigen ist. Andere Länder, andere Unternehmenskulturen, fremde Sprachen, lange Wochen der Ungewissheit und unklare Zukunftsperspektiven für die Mitarbeiter führen zu Kündigungen. Dabei gehen oft diejenigen, deren Fähigkeiten dringend gebraucht würden. (7), (8), (9)

## Trends

Eine Studie zum Recruiting im deutschen Mittelstand fand heraus, dass folgende Verschiebungen zu beobachten sind: Weniger genutzt werden die Jobcenter der BA bei der Gewinnung von gewerblichen Auszubildenden, dafür spielen hier die Online-Jobbörsen eine größere Rolle. Soziale Online-Netzwerke gewinnen vor allem beim Recruiting von Werkstudenten und Hochschulabsolventen an Bedeutung. Generell werden weniger Printstellenanzeigen genutzt. (3)

Beim Trend-Thema Mobile Recruitment sind die Lager auffällig gespalten zwischen den Personalleitern und den operativen Experten

(Referenten/Recruiter): Die Themen "Mobile Stellensuche", "Mobiloptimierte Karriereseite" sowie "Mobile Bewerbungsmöglichkeit" bewerten die Recruiter und Personalreferenten signifikant höher - eine Frage des Alters? (3)

# Fallbeispiele

Itemis: Der europaweit führende Spezialist für modellbasierte Softwareentwicklung und Beratung mit rund 170 Mitarbeitern hat Ende 2007 sein "4+1-Arbeitszeitmodell" eingeführt. Jedem Mitarbeiter steht pro Woche ein Tag zur Fortbildung zur Verfügung. Die Mitarbeiter nehmen Sprachunterricht, schreiben für Fachpublikationen, forschen mit Hochschulpartnern oder arbeiten im Rahmen von Open-Source-Projekten an Software, die jeder kostenlos nutzen kann. (4)

Wittenstein: Das Unternehmen ist einer der Markt- und Technologieführer bei mechatronischen Antriebssystemen, erzielt 60 Prozent seines Geschäfts im Export und legt großen Wert auf seine Internationalität. Es bietet Mitarbeitern daher an, für drei Monate als "Pionier auf der Walz" ins Ausland zu gehen. Voraussetzung für diese Personalentwicklungsmaßnahme ist, dass der Mitarbeiter nach Abschluss von Ausbildung oder dualem Studium im Unternehmen bleibt. (4)

Zühlke Engineering: Das Unternehmen konnte Auszeichnungen bei "Deutschlands Beste Arbeitgeber 2013" für sich verbuchen. Erfolgsfaktoren des mittelständischen Innovations-, Beratungs- und Ingenieurdienstleisters, der mittlerweile auf insgesamt 700 Mitarbeiter angewachsen ist: ein überdurchschnittlich hohes Fortbildungsbudget, ein Management-Development-Programm, das es ermöglicht, ein berufsbegleitendes MBA-Studium zu absolvieren. (10)

Zeppelin: Die Zeppelin Universität, Friedrichshafen, bietet für Söhne und Töchter, die in einem Familienunternehmen in die Geschäftsleitung einsteigen sollen (und auch für die Fremdgeschäftsführer in Familienunternehmen) den Master-Studiengang "Executive Master of Arts for Family Entrepreneurship (eMA FESH)" an. (7)

Der "n-tv"-Mittelstandspreis wurde im April 2013 verliehen. Bewerben konnte sich jedes inhabergeführte Unternehmen mit mindestens 30 Mitarbeitern und Sitz in Deutschland. Insgesamt wurden 2013 mehr als 100 Unternehmen für den zum dritten Mal vom Nachrichtensender "n-tv" gemeinsam mit der Maleki Group und der UBS ausgelobten Preis vorgeschlagen. Der Maschinenbauer Reinhausen GmbH aus Regensburg ist Weltmarktführer bei Stufenschaltern für Regeltransformatoren und wurde 2013 mit dem ntv-

Mittelstandspreis "Hidden Champion 2013" ausgezeichnet, weil er neben der Marktführerschaft mit gesellschaftlichem Engagement - der eigens gegründeten Scheubeck-Jansen Stiftung - überzeugte. Die Firma unterstützt unter anderem Auszubildende, Studenten und Schulen. (11)

# Weiterführende Literatur

(1) Klein, aber fein
aus Personalwirtschaft, Heft Sonderausgabe "Employer Branding"/2013, S. 36-37

(2) „Hidden Champions brauchen sich nicht verstecken"
aus Personalwirtschaft, Heft 09/2013, S. 30

(3) Trügerische Zufriedenheit
aus Personalwirtschaft, Heft 09/2013, S. 22-27

(4) Klein, aber fein
aus Handelsblatt Karriere Bewerberguide 2014 Seite 006

(5) Karriere für Kosmopoliten
aus Handelsblatt Karriere Bewerberguide 2014 Seite 022

(6) Tipps für erfolgreiches Recruiting
aus Personalwirtschaft, Heft 09/2013, S. 28-29

(7) Personalentwicklung im Mittelstand
aus wirtschaft&weiterbildung, Vol. 25, Heft 11-12/2013, S. 24-27

(8) FÖRDERPROGRAMME Berater unterstützen KMU bei Personalstrategie
aus wirtschaft&weiterbildung, Vol. 25, Heft 09/2013, S. 10

(9) KMU – fit für Veränderungen
aus wissensmanagement, Heft 7/2013, S. 21-23

(10) Mit den Großen mithalten
aus wirtschaft&weiterbildung, Vol. 25, Heft 11-12/2013, S. 30-32

(11) Hidden Champions 2013: Heimliche Helden der deutschen Wirtschaft gekürt
aus wirtschaft&weiterbildung, Vol. 25, Heft 11-12/2013, S. 30-32

# Impressum

## Hidden Champions - Great place to work!

**Bibliografische Information der deutschen Nationalbibliothek**

Die Deutsche Nationalbibliothek verzeichnet diese Publikation in der deutschen Nationalbibliografie; detaillierte bibliografische Daten sind im Internet über http://dnb.d-nb.de abrufbar.

ISBN: 978-3-7379-0993-8

© 2015 GBI-Genios Deutsche Wirtschaftsdatenbank GmbH, Freischützstraße 96, 81927 München, www.genios.de

Alle Rechte vorbehalten. Dieses Werk ist einschließlich aller seiner Teile – z.B. Texte, Tabellen und Grafiken - urheberrechtlich geschützt. Jede Verwertung außerhalb der Grenzen des Urheberrechtsgesetzes bedarf der vorherigen Zustimmung des Verlags. Dies gilt insbesondere auch für auszugsweise Nachdrucke, fotomechanische Vervielfältigungen (Fotokopie/Mikroskopie), Übersetzungen, Auswertungen durch Datenbanken oder ähnliche Einrichtungen und die Einspeicherung und Verarbeitung in elektronischen Systemen.